RESPONCE

DV ROY, SVR LA REqueste presentée à sa Majesté, par Messieurs les Cardinaux, Princes Seigneurs, & des deputez de la Ville de Paris, & autres villes Catholiques, associez & vnis pour la deffence de la Religion Catholique, Apostolique, & Romaine.

A TROYES.
¶ Selon la copie imprimée à Paris.
1588.

RESPONCE DV ROY SVR
la Requeste presentée a sa Maiesté, par monsieur le Cardinal de Bourbon. &c.

ONSIEVR le Cardinal de Bourbon & les autres Princes, au nom desquelz la presente a esté presentée au Roy, ont eu toutes occasiōs si clairement recongneu & certainement esprouué, comme ont faict generallement tous les subiects de ce Royaume, & toute la Chrestienté, quel est le zele tres-ardant & constant de sadicte Maiesté porte a l'honneur de DIEV & le soin qu'elle a tousiours eu de defendre son Eglise Catholique, Apostolique & Romaine, proteger tous ses bons subiets Catholiques, qu'il n'y a personne viuant qui en doiue ny puisse auec raison douter aucunement, ny la deuancer en l'vn ny en lautre: ayant durant la guerre exposé plus souuent sa personne à tous hazards, combatu & vaincu pour la querelle de DIEV, que nul autre Prince de la Chrestienté: & en paix curieusement recherché & employé tous les meilleurs

A ii

moyens qu'il a peu inuenter pour affoiblir & extirper les herefies introduictes en ce Royaume, deuant la minorité du feu Roy son frère & la sienne.

Ce mesme zele a tant eu d'auctorité & puissance sur sa Maiesté, qu'il a esté seul cause qu'elle passa par dessus plusieurs considorations qui importoient a sa dignité & auctorité lors quelle pacifia les troubles commencez l'an mil cinq cens quatre vingts & cinq, expressement pour reunir a soy ses subiects Catholiques diuisez a l'occasion d'iceux, pour tous ensemble entreprendre de faire la guerre ausdicts heretiques. Laquelle elle a depuis incessamment & constamment poursuyuie sans y espargner sa propre personne, iusques a la routte & deffaicte derniere des Reistres & Suisses protestans, entrez en ce Royaume. Laquelle ne feust aduenue sans la presence & bonne conduicte de sadicte Maiesté, qui les arresta sur le bord de la Riuierr de Loire, qu'ilz auoient gaigné auec peu de perte & affoiblissement, comme chascun scait. Et est tref-desplaisante de ce que les ialousies & deffiances ausquelles elle a depuis esté entretenue, l'ont empesché comme elles ont fait de tirer profit de l'auantage que DIEV luy auroit donné contre lesdicts heretiques par le moyen de ladicte deffaicte selon son desir ; Ayant faict tout ce qui luy a esté possible pour retrancher de faire cesser les motifs d'icelles, comme elle est encores a present tres-disposée de faire, & a ceste fin vser de sa bonté & clemence paternelle, pour oublier les choses aduenues ces iours passez en sa ville de Paris, dont elle a senti en son ame tous les regrets & desplaisirs qu'il est possible de supporter: quand les Bourgeois & habitans d'icelle se comporteront en son endroict tant pour le regard du passé que pour l'aduenir comme ilz sont obligez de faire, pour luy donner contentement de satis-faction de leurs actions, & ainsi que doiuent faire bons & loyaux subiets, qui se doiuēt confier en la bonté de leur Prince qu'ils ont esprouuée en tant de sortes, comme ont faict lesdicts Bourgeois & habitans.

Quoy faisant sadicte Maiesté les conseruera en leurs libertez, droicts & priuileges, que les Roys ses predecesseurs leurs ont octroyez, & qu'elle leur a confirmée.

Ce pendant sadicte Maiesté, ne desire rien plus que lesdicts princes & autres ses subiets Catholiques se r'allient & vnissent tous auec elle de cœur & d'affection & de leurs personnes, pour tous emsembles aller faire la guerre ausdicts heretiques le plus diligemment que faire ce pourra.

Et quant aux plainctes que lesdicts Princes font par la presente requeste des grands desordres qui sont en ce Royaume, & des abus & malversations qui s'y commettent sadicte Maiesté declare quelle en est plus desplaisante que nul autre, comme celuy qui en reçoit aussi plus de dommage, que ne font tous les autres ensembles. Mais il est notoire a tous que les diuisions & emotiõs qui ont interrompu la derniere paix publique, ont ouuert la porte a tel desordre, que sadicte Maiesté auoit au parauant tresbien commencé à reprimer en toutes sortes d'Estats & functions. Ce qui luy a esté du tout impossible de continuer entre les armes, à cause des grandes sommes de deniers qui luy a fallu trouuer & employer pour soustenir & faire la guerre, laquelle elle a faict quelquesfois en mesme temps en diuerses prouinces; ce qui la forcé d'vser des moyens extraordinaires contre son naturel & sa volonté aliené d'iceux, qui n'ont peu estre executez sans fouler ses subiects, au soulagement desquels sadicte Maiesté a plus grand interest & affection de donner ordre par effect & semblablement aufdictes malversations & abus qui s'exercent, que nuls autres quels qui soient.

Mais d'autant que c'est vn mal pudlic qui est respandu par tout, & dont le general du Royaume se ressent, sadicte Maiesté qui desire y pouruoir ainsi qu'il conuient, à iugé ne le pouuoir mieux faire pour le contentemēt vniuersel de tous ses peuples & subiects, & pour la conseruation de sa dignité & auctorité souueraine, & des droicts d'vn chascun & singulierement pour la conseruation de la Religion Catholique, & la revnion de tous sesdits subiects Catholiques soubs son obyssance, que par l'aduis commun des Estats generaux de son Royaume tenus en toute liberté & seureté, qui est le remede ordinaire & ancien, duquel les Rois ses predecesseurs ont tousiours vsé és pareils cas.

Partant elle a deliberé & resolu de les conuoquer & assembler le quinziesme iour d'Aoust prochain en la ville de Blois, auec ferme propos & intention que ce qui sera decidé, resolu & ordonné en iceux pour l'auancement de l'hōneur de Dieu, le bien general du Royaume, & le soulagement de ses subiects, & generalement pour la reformation desdicts abus, sera par elle embrassé

& effectué d'entiere affection & inuiolable-
ment obserué, comme la chose de ce monde
qu'elle a plus a cœur, & dont aussi elle espe-
re recueillir plus de fruict & de contentemét
desirant que lesdits Princes qui publient re-
chercher la restoration de ladite Religion, &
le soulagement dudit peuple, ensemble ses
autres bons subiets & seruiteurs luy aydent
a faciliter & aduancer la tenue & assemblée
desdits Estats, cóme le seul moyen que tous
bons & loyaux subiets, affectionnez au bien
de ladicte religion & de l'Estat, iugent estre
le pl⁹ ppre pour pouruoir a l'vn & a l'autre.

Sadicte Maiesté aduisera aussi de pouruoir
en ladicte assemblée a la crainte que lesdits
Catholiques ont de tomber quelque iour
souz la domination & puissance desdits heretiques, dont ils n'ont point plus d'enuie
d'estre garentis, qu'elle a de desir d'y dóner
la prouision qui est necessaire. Chose qui ne
peut estre faicte qu'en ladicte assemblée.

Quoy attendant sadicte Maiesté a voulu
de son propre mouuement des-apresent, &
sans attendre l'assemblée desdits Estats, meu
de singulier desir qu'elle á de faire apparoir
a ses subiets: entre tant d'afflictions & calamitez qu'ils souffrent, vn rayon de sa paternelle bien-vueillance, reuocquer plusieurs

Edicts, impositions, & commissions, qui les surchargent & griefuent, & n'a regret sinon de ne leur pouuoir mieux faire, puis que Dieu luy ordonne d'en vser ainsi, que l'affection qu'il leur porte luy conuie, & leur fidelité l'y oblige, & que sa prosperité aussi depend de la leur, leur bien estant inseparable du sien.

Et pour le regard de la plaincte particuliere que font lesdicts Princes contre les sieurs & Ducs d'Espernon & de la Valette, comme sadicte Maiesté doit rendre iustice & faire raison à tous ses subiects de quelque qualité qu'ils soient, elle le fera tousiours paroistre en ceste occasion, comme en toute autre qu'elle est Prince équitable, & droicturier, qui a pour principal but de ne faire tort ne iniure à personne, & auec cela preferer l'vtilité publique de son Royaume a tout autre chose.

Faict à Chartres, le vingt huictiesme iour de May, mil cinq cens quatre vingts huict.

Signé, HENRY.

et plus bas,

DENEVFVILLE.

LA Harangue faicte par

Monseigneur l'Archeuesque de Bourges, esleu & deputé par l'assemblée du Clergé vers le Roy, contenant la misere & calamité de son pauure peuple. Prononcée à Blois deuant sa Majesté, le vingt-cinquiesme Nouembre, 1588.

A TROYES.

De l'Imprimerie de Iean Moreau, Imprimeur du Roy.

LA HARANGVE FAICTE PAR

Mõseigneur l'Archeuesque de Bourges, esleu & deputé par l'assemblée du Clergé vers le Roy, contenant la misere & calamité de son pauure peuple. Prononcée a Blois deuant sa Maiesté, le xxv. Nouembre, 1588.

SIRE

Les gens des trois Estats de vostre Royaume tousiours curieux & soigneux de la cõseruation, de l'auctorité, obeissance & creance qui vous est deuë par voz subiects, Ayans eu aduis de plusieurs leurs Prouinces, du mescontentemét qu'ils reçoiuent & de l'opinion qu'ilz conçoiuent d'estre frustrez de leur espoir & attente qu'ils auoient d'estre deschargez d'vne partie des grandes foulles & oppressions dont ils se sentent greuez & surchargez: veu mesmes l'augmentation faite par le breuet de la Taille, & Commissions surce enuoyées depuis l'ouuerture de la tenue des Estats, A ce que ce mescontentement ne tirast plus outre & amenast quelque mauuaise consequence a vostre estat, pour la diminution de la bienvueillance & obeissance qui vo⁹ est deue, ils ont pensé estre de leur deuoir, faire tres-humbles remonstrances a vostre Majesté, sur ce, Pour y estre pourueu par vostre prudence & bonté accoustumée, ils eussent differé & remis ceste postulation a leurs cahiers, pour selon la forme antienne, sans aucune interruption, le tout estre respondu, vuidé & terminé, par vne fois & tout d'vn coup á la conclusion des Estats. Mais considerans le temps de la leuée si proche, & que telles le‑ uées inuentées pendant ces estats, ne se pourroient du tout executer en plu‑ sieurs lieux, pour la pauureté & im‑ puissance de vos subiects, & en autres endroicts, sans vne grande violence & irritation, ils ont estimé & iugé estre de leur deuoir de ne tarder & differer en vne si iuste & pressée postulation, S'asseurans tous de vostre benignité & clemence, que vostre Majesté ne l'aura des-agreable.

SIRE, nous recongnoissons la bonté naturelle qui reluist en vostre Majesté, par vos actions particulieres & que le tesmoignage de voz parolles que vous rendez chacun iour à voz subiects, & sçauons que si vostre ma‑ jesté estoit bien aduertie de l'estat &

pauureté en laquelle sont vos subiects que par vne bonté vous les auriez ia soulagez, voire pleuré auec eux en leurs calamitez & miseres. Les plus grands & plus sages, voire les mieux instruicts en toute sorte de doctrine & philosophie, Roys & Princes, ores qu'ils ne soiét pas facilement surprins en ce q est du iugemēt & ratiocinatiō sur les occurrences des choses proposées, si est-ce qu'ils peuuent estre souuent trompez & deceuz en ce qui est de la congnoissance du faict quand il leur est desguisé & d'vne fausse presupposition s'en ensuit vn mauuais syllogisme & faulse conclusion. Aussi Lēpereur Diocletian s'estant voluntairement desmis de ce grand Empire Romain, & retiré en sa maison & iardin de Chalons, ou selon aucuns en Normandie, dont il ne voulut oncques reuenir a l'empire bien qu'il en fust sollicité & requis par le Senat & peuple Romain, interrrogé par ses amys & familiers des causes qui l'auroient meu de se descharger de ceste dignité imperialle, allegua entre autres occasions & raisons, la misere des Empereurs, Roys, & Princes, qui ores qu'ils soient pleins de bonne volonté & desireux de bien faire enuers leurs subiects, ce neantmoings toutes choses leur sont desguisées par ceux qui sont pres d'eux, qui leur fascinent & enchantent les yeux, & estant tous vnis & bandez ensemble ainsi que plusieurs testes en vn chapperon, comme lon dict en commun prouerbe, font que leur Roy ne voit que par leurs yeux, il n'oit que de leurs oreilles, il n'entend que par leurs bouches selon leurs passions & volontez: tellement qu'ils luy font croire ce qui leur plaist ils luy font hayr ceux qu'ils hayssent,

& aymer ceux qu'ils ayment, Ils met-
tent en reputation bien souuent les
moins vertueux & dignes, recullent
& font mespriser les bons & vertueux.
C'estoit l'vn des principaux griefs que
cest Empereur marquoit en vne char
ge souueraine, ce que nous sommes
contraincts declarer à vostre Majesté
estre aduenu pres de vostre personne,
par aucuns de vostre conseil & de voz
finances depuis quelques années, qui
au lieu de vous representer & faire co-
gnoistre la pauureté de vos subiects,
vexez & trauaillez par les guerres, depuis vingt-huict ans ença, & par les
grandes leuées de deniers imposez en
paix sans aucune apparence & soubz
pretexte des occurrences des guerres, dont vos subiects auroient esté du
tout succez & espuisez, auroient tellement continué, accreu & augmen-
té les tailles & inuenté toutes sortes

d'impositions nouuelles sur vostre
pauure peuple qui ne leur reste que la
langue toute seiche pour crier a Dieu
& les yeux pitoyables pour pleurer,
Il n'y a espece ny moyen de tirer ar-
gent qu'ils n'ayent excogité & inueté
& sur les choses les plus necessaires à
l'vsage de l'homme, sur le Sel, sur le
Vin, sur les toilles, voire sur les choses
les plus viles, comme les cuyrs & plusieurs autres sortes de denrées que la
France n'auoit oncques voulu char-
ger de daces ou impositions concer-
nant son honneur & grandeur, & la
doulce liberté antienne a ses subiects,
laissans toutes ces especes d'imposts
aux petits Potentats qui abusent de
leurs subiects, au grand preiudice de
leur reputation, & par ces grandes &
immoderées impositions & daces inuentées & mises sus en ce Royaume
par ces bōs mesnagers de vostre cōseil

qui ont eu l'administration & esgard
sur voz finances, ioinct la ruine & destruction qu'ils ont causé par les gens
de guerre tenans les champs, à faulte
d'estre payez & souldoyez, la France
a esté mise en tel estat, comme chacun
le voit, que si les Turcs, Mores ou bar-
bares fussent entrez en Fráce par force n'eussent tenue & possedée d'eux,
ains n'eussent peu faire pis, ny apporter plus grande destruction fors le feu
& le sang, dont encores l'on n'a pas
esté exempts en beaucoup d'endroits
en ce Royaume, par la rage & fureur
des gens de guerre indisciplinez &
mal conduicts, qui auroiēt prins toute licence par faulte d'estre payez. Ce
pendant les grandes finances se sont
leuées & se leuent, soubz couleur des
guerres, & nul n'est payé, Les mauuai
ses impositions sont establies, & cō-
me elles ont esté mal inuentées & mal

B

excogitées, se continuent, s'executent & se leuent encores plus mal, auec toute violence & oppression, & s'il se presente quelque nouuelle necessité, aussi tost est mise sus nouuelle inuention & nouuelle leuée, voire au double à fin qu'il en reste, cõme aux mauuais tailleurs pour faire la banniere, & s'enrichissent & enflent comme le Dragon du sang & substance des hõmes. Toutes ces choses sont cachées, ou du moins desguisées à vostre Majesté & auec la ruine du peuple ces mauuais compteurs & bons mesnagers pour eux ruinent la creance, l'auctorité, l'amitié & la bien-vueillance que ces bons & fideles compteurs deburoient pourchasser, acquerir, conseruer & retenir a leur Roy & Seigneur, pour le plus precieux gage & ioyau que les Roys sçauroient desirer. Car comme il n'y ayt que deux voyes pour regner, l'vne par force & l'autre par amour, la premiere est tres-dangereuse & perilleuse, tant a la seureté de la personne du Prince que celle de l'estat fort esloignée de façon de faire de nos Roys, & encor plus de la vertueuse bonté de vostre Majesté, Mais la seconde forme qui est par l'amour & bien-veillance des subiects, est si ferme & asseurée & donne tant de repos & contentement au Prince, qu'ayant en main les cœurs de ses subiects, il se peut asseurer d'auoir aussi tous leurs biens quand les grandes necessitez du Royaume le requerront, s'ils recongnoissent qu'on espargne leur bien & substance a l'vsage de telles necessitez. Les Roys sont appellez par Platon, gardiens & conseruateurs de leurs peuples, & par Homere, pasteurs du peuple des peuples, Comme au contraire, il a nommé Agame-

ñon, deuorateur des peuples, pour la
grande ruine & oppression qu'il ap-
portoit aux peuples. Et l'empereur
Tybere recongnoissant ces deux qua-
litez contraires, ayma mieux retenir
pour soy celle de bon pasteur, car re-
seruant aux bons Gouuerneurs des
Prouinces qui estoient soubs l'Empire Romain, lors qu'ils solicitoient de
leur donner charge d'augmenter les
tributs & daces, il leur mãda que l'of-
fice & deuoir d'vn bon pasteur, estoit
de tondre doucement sa brebis, & nõ
de l'escorcher. Ce grand Empereur
Vaspasien pere de Tite, se sentant hay
& mal voulu de son peuple, pour les
grandes & immoderés augmentatiõs
de daces & tributs qu'il imposoit, vn
iour alla veoir ce tant renommé Philosophe Apolonius, que l'antiquité
a tenu pour sa race, sagesse, & doctrine, quasi comme vn Dieu, Il luy de-

manda ce qu'il pourroit faire pour acquerir la reputation d'vn bon prince, & estre aymé de ses subiects, Le Philosophe luy respondit. Si tu te garde (dist-il) ô Empereur, de leuer tribut de ceux qui pleurent & larmoyent. Voulant dire que le bien & la substance du pauure & indigent tirée & extorquée par force, parmy les pleurs de la pauure femme & des enfans desolez, ne peut apporter que l'ire de Dieu & hayne du peuple. Si ces bons Princes & Empereurs ores qu'ils n'eussent la congnoissance de Dieu que par l'instinct de nature, ont eu ceste cõsideration pour l'honneur, aornement & beaulté de leurs regnes, repos & tranquilité de leur temps, seureté de leur estat, & pour gaigner la bonne grace & amitié de leurs subiets Combien plus vostre Majesté treschrestienne, douée de ceste charité tant recommandée de Dieu enuers les pauures entrera plus volontiers en ses considerations, la pauureté du peuple luy estant representée: Mesmes oyant la parolle de Dieu prononcée par l'ecclesiastique, qui crie que le pain du pauure est sa vie en son indigence, & qui luy substraict le pain en sa sueur, c'est tout ainsi que qui tue son prochain. C'est vostre vœu. C'est vostre saincte intention (Sire) de soulager & descharger vos subiects de la volonté & oppression des exacteurs. Vostre Majesté l'a ainsi declaré plusieurs fois: mais plus expressement & tout haultement en ceste premiere seance & assemblée publique des estats vostre Maiesté asize en son throsne pour c'est effect il vous a pleu nous conuoquer, & pour y paruenir nous communiquer l'estat de vos finances afin d'auoir aduis de vos bons & beaux subiects, du mesnagement qui s'y peut faire à la descharge de vostre peuple. Mais comme d'vne main l'on nous rapporte & represente les estats de vos finances, de l'autre main l'on enuoye tout a l'heure les Commissions pour leuer la taille, auec les creues & impositions, augmentées d'années en années, depuis les derniers Estats de Blois, il y a douze ans, voire du tout autres & plus grandes que ne porte l'estat qui nous est representé, pour veoir le reste de vos finances, que l'on dict estre de l'annee passee. Que peuuent dire ou esperer nos pauures qui entendent cela, quand ils voyent vne telle illusion à la face de vostre Maiesté & de vos estats? Quel estat peuuent ils faire du reste de leur vie? Car de biens ils n'en ont plus, puisque au lieu d'estre deschargez, de ce qu'aussi bien l'on ne sçauroit plus leuer pour l'impuissance des pauures, l'on augmente chacun iour. Vostre Majesté ne sçait pas, & se garde l'on bien de luy dire, que l'on vende les thuilles & couuertures des maisons des pauures, qui n'ont autre moyen de payer les tailles & impositions, que les prisons en sont pleines, pour la contrainte des payements, & ne leur baille l'on pas du pain: mais meurent de faim en la prison, Vne partie des subiects de vostre Majesté, se retirẽt chacun iour aux Royaumes & pays voisins, pour cercher vie plus douce & moyen de se substanter à la sueur de leurs bras. Tellement que si bien tost n'y est pourueu, vous serez Roy d'vne grande & spacieuse contree de terres vagues, mais sans honneur & subiets, & & dira l'on de ce Royaume. *Opera selisontis Ampla Regis*, Pour toutes ces raisons & considerations, vos tres-humbles su-

www.ingramcontent.com/pod-product-compliance
Lightning Source LLC
Chambersburg PA
CBHW060451050426
42451CB00014B/3264